AF269556

CONTAMINACIÓN POR PLÁSTICO

Texto: **Andrée Poulin**
Ilustraciones: **Jean Morin**

A todos los valientes activistas de la Fundación David Suzuki, de Équiterre, de Greenpeace Canadá y muchos otros más, que luchan con pasión contra la contaminación por plástico.

A. P.

Sumario

Todas las palabras acompañadas de un asterisco se definen en el léxico de la página 58.

¡El plástico está por todas partes, por todas, por todas!

En la historia del planeta existió la Edad de Piedra, seguida de la Edad del Bronce y de la Edad del Hierro. Ahora estamos en la edad del plástico. Porque nos lo encontramos por todas partes. Por todas partes. ¡POR TODAS PARTES! En el aire y en la tierra. En la cima de las montañas más altas y hasta en lo más profundo de los océanos. Hasta en los hielos del Ártico y de la Antártida. En el agua que bebemos y en nuestros alimentos. La contaminación* por plástico es un problema medioambiental a escala mundial.

El plástico es un material sintético fabricado por los seres humanos. La palabra «plástico» viene de la palabra griega *plassein,* que significa «moldear». Este material admite, en efecto, ser moldeado en todas las formas imaginables.

El plástico se inventó a principios del siglo xx. Duradero, impermeable, irrompible, resistente al desgaste, sustituye a los materiales tradicionales como el cristal, el metal, la loza, la madera, el cobre y el algodón. Más liviano y de menor coste que el acero, el metal y la madera, el plástico es, junto con el hormigón, uno de los materiales más utilizados actualmente en el mundo.

Mezclado con diferentes productos químicos, es lo bastante flexible como para fabricar una cortina de ducha y lo bastante duro como para fabricar tuberías. Lo utilizamos en todo y para todo, desde las bolsas de la basura hasta las prótesis de cadera, desde las prendas de vestir a las bicicletas, desde los ordenadores a los televisores.

El plástico en cifras

Desde los años cincuenta, la humanidad ha producido más de 8 000 millones de toneladas de plástico. Esto representa el peso de 1 000 millones de elefantes, más o menos.

Todos los años, los países generan más de 300 millones de toneladas de plástico. La producción de plástico se va a duplicar en los 20 próximos años.

De la mañana a la noche, estamos tocando plástico

De la mañana a la noche, desde que nos levantamos hasta que nos acostamos, el plástico nos rodea. Si hubiera que contar todos los objetos de plástico que tocamos en un día, la cifra se elevaría con seguridad a varios centenares.

El plástico en casa

El plástico en la escuela

El plástico
en los juegos

El plástico en
la tienda
de comestibles

¿Cómo se fabrica el plástico?

Etapa 1: Todo empieza con el petróleo o el gas natural

El plástico se fabrica a partir de petróleo o de gas natural. Estos combustibles fósiles se forman en el interior de la tierra a partir de restos de plantas o de animales. El petróleo en bruto y el gas natural se extraen del suelo mediante bombeo, y luego se mandan a una refinería. Una vez en la factoría, se calientan esos materiales para separarlos en diferentes elementos. Esto es lo que se llama el refinado. Uno de los componentes obtenidos es un líquido llamado nafta,* que es el ingrediente de base para la fabricación del plástico.

Etapa 2: El craqueo*

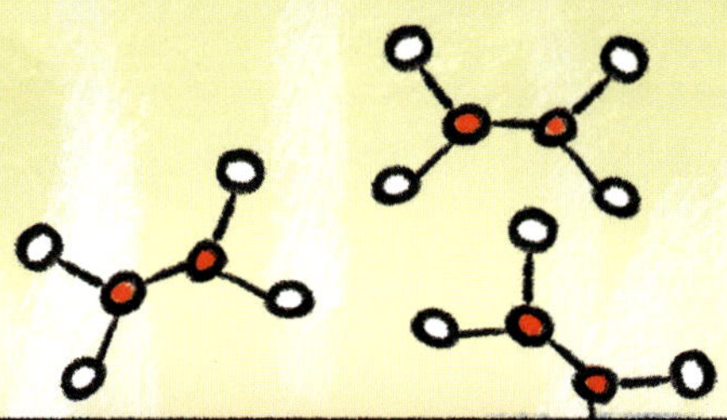

La nafta tiene que sufrir también una transformación antes de ser utilizada por los ingenieros que fabrican el plástico. Se calienta a más de 800˚C, y después se enfría bruscamente. A continuación viene la etapa del craqueo, en la que las grandes moléculas de hidrocarburos contenidas en la nafta se descompondrán en pequeñas moléculas llamadas monómeros.* Gracias a diferentes reacciones químicas, los monómeros se juntan para formar unas moléculas largas, los polímeros. Estos gases sirven para fabricar gránulos de plástico del tamaño de un grano de arroz.

Etapa 3: A continuación se añaden aditivos*

Cuando están listos los polímeros,* los químicos les añaden aditivos, tales como tintes, lubrificantes, endurecedores o estabilizadores. Estos aditivos permiten fabricar plásticos flexibles o rígidos, opacos o transparentes.

Etapa 4: El plástico se moldea y adopta la forma de productos acabados

En esta última etapa, los gránulos se calientan y después se moldean en la forma deseada para fabricar cientos de miles de objetos.

Las dos grandes familias de plásticos

Los termoplásticos:

Pueden calentarse y refundirse varias veces. Así pues, son fácilmente reciclables y se pueden transformar en otros productos, muchas veces de peor calidad. Éstos son unos cuantos de los plásticos que entran en esta categoría:

- **El polietileno (PE)** es el plástico más utilizado en el mundo. Es fácil de fabricar y no sale caro. Transparente y sólido, pero flexible, está presente en la fabricación de embalajes o de film plástico transparente para embalar frutas y verduras, en las bolsas de basura, las botellas y los famosos recipientes Tupperware.

- **El policloruro de vinilo (PVC),** conocido habitualmente como vinilo, es un plástico muy polivalente, que sirve para fabricar tanto productos rígidos como productos flexibles. En su modalidad blanda, sirve para fabricar juguetes, cortinas de baño o material médico, como tubos para vías intravenosas. En su modalidad rígida, participa en la fabricación de tuberías de fontanería, de revestimiento exterior de casas, canalones, revestimientos del suelo o cables eléctricos. El PVC se usa mucho en el ámbito de la construcción, porque no se oxida y es resistente al agua y al moho. Como este plástico protege del frío y del calor, también permite ahorrar energía.

- **El poliestireno (PS)** es un plástico que sirve para la fabricación del poliestireno expandido, el PSE, más conocido por el nombre de poliexpán o espuma de poliestireno. Este plástico ligero es un buen aislante, lo que hace que esté muy presente en la vajilla de usar y tirar, los envases para alimentos o los de comida para llevar.

- **El tereftalato de polietileno,** de nombre común PET, es el plástico claro y flexible que se utiliza para fabricar botellas de usar y tirar. Se le mezcla con lana o algodón para hacer tejidos y prendas de vestir.

- **El polipropileno (PP)** es un plástico duro indispensable para la construcción de los automóviles, los barcos y los aviones. Liviano y duradero, exige poco mantenimiento y resiste bien al calor, al óxido y a los impactos. En un coche, encontramos plástico en el parachoques, los asientos, el sistema electrónico y el salpicadero.

- **Las poliamidas (PA)** son sólidas, duraderas y elásticas. Sirven para la fabricación de fibras de nailon, que son útiles para fabricar prendas de vestir, cepillos de dientes, velcro, tiendas de campaña y alfombras. También sirven para el Kevlar, un material muy resistente, útil para confeccionar cascos y chalecos antibalas. Lo encontramos mucho en el equipamiento deportivo, como las zapatillas, las cuerdas, las velas, las canoas y kayaks, etc.

- **Los acrílicos,** robustos y elásticos, son también muy resistentes e incluso a prueba de balas. De modo que se utilizan para la seguridad, en particular para los cristales antibalas de las limusinas que transportan a las personas importantes. También se utilizan mucho para fabricar instrumentos de música y juguetes de plástico, como las piezas de LEGO.

Los termoendurecibles:

Son materiales muy sólidos y muy resistentes al calor. Una vez que se los ha moldeado, estos plásticos adoptan una forma definitiva y no se reblandecen. Los termoendurecibles no se pueden reciclar, porque cuando se los calienta, se queman y se descomponen. Éstos son algunos de los plásticos de esta familia de plásticos:

Los aminoplastos (MF) son los plásticos termoendurecibles más utilizados. Existen dos tipos principales: urea-formaldehído (UF) y melamina-formaldehído (MF), el más conocido de los cuales es la formica. Se utilizan sobre todo para hacer mobiliario de cocina, melamina y utensilios de cocina fabricados con molde.

Los poliuretanos (PUR) se caracterizan por tener una gran diversidad de texturas. Se utilizan para fabricar colchones, asientos de automóvil, salpicaderos, ruedas de patines y ropa de deporte fabricada con fibras elásticas como el Spandex o la licra.

Los poliésteres insaturados se utilizan en la fabricación del casco y las cabinas de los barcos, piscinas y carrocerías de automóvil. La fibra de poliéster es la que más se utiliza en el mundo, porque su uso está muy extendido en las prendas de vestir.

Los poliepóxidos sirven para confeccionar pegamentos muy fuertes, revestimientos y pinturas de diversos tipos.

El plástico: ¡Una maravilla!

El plástico cambió el mundo. Sin él no tendríamos Internet, ni agua corriente en el grifo, ni exploración del espacio. Ligero y flexible, es resistente a la humedad, al calor y al frío. Además, no sale caro. Fabulosamente práctico, el plástico nos procura seguridad, comodidad y placer. ¡No es de extrañar que esté tan presente en nuestra vida!

Diez buenas razones para apreciar el plástico

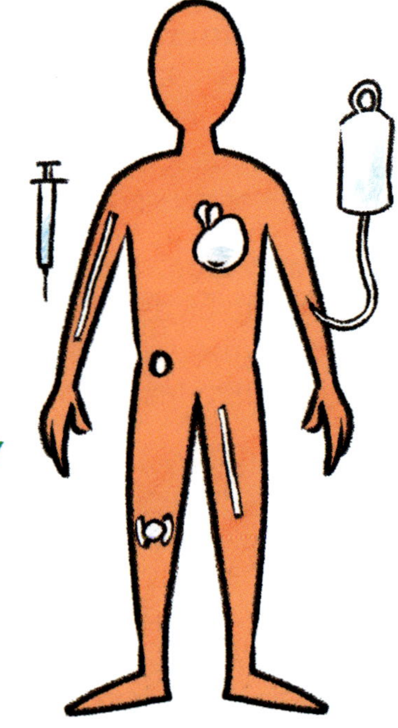

1. **Salva vidas.** Desde la invención del plástico, la medicina ha hecho enormes progresos. Desde entonces se fabrican venas y arterias sintéticas. Gracias al plástico, se puede sustituir una rodilla, una cadera e incluso un corazón humano. Los minúsculos tubos para goteo intravenoso, las bolsas de sangre y las de solución salina son imprescindibles en los hospitales.

2. **Es higiénico.** Fácil de esterilizar y resistente a los microbios, representa la manera más sencilla y menos costosa de facilitar la higiene en los hospitales.

3. **Ofrece mejor seguridad.** Resistente a los choques, el plástico se utiliza para hacer más seguros los automóviles, tanto si pensamos en los cinturones como en los airbags o en las sillitas para niños. Mejora también la seguridad de los jugadores en numerosos deportes, gracias a los cascos, espinilleras, gafas de esquí o de natación.

4. **Facilita el aprovisionamiento de agua potable.** Las tuberías de acero o de cobre que antiguamente transportaban el agua potable hasta nuestras casas han sido sustituidas por tuberías de plástico que no se corroen como el metal. Algunas tuberías ligeramente elásticas pueden, incluso, resistir terremotos.

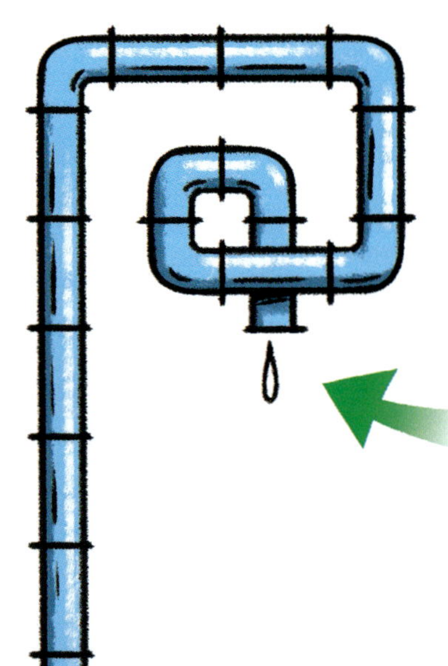

5 **Nos permite comunicarnos con más facilidad.** Varios componentes de los ordenadores, de las tabletas y de los teléfonos móviles son de plástico.

6 **Preserva los alimentos.** Los embalajes de plástico protegen los alimentos de la contaminación y de los microbios. Frutas, verduras, carne y productos lácteos se conservan durante más tiempo, lo cual reduce el despilfarro. La mayoría de los plásticos son perfectos para conservar sustancias como el agua, la gasolina, el jabón, el alcohol y los ácidos.

7 **Permite una alimentación más diversificada.** La comida envasada en plástico está mejor protegida durante el transporte. Ahora podemos comer alimentos procedentes de todas partes del mundo, ya sean kiwis de Nueva Zelanda o frambuesas de Sudáfrica.

8 **Permite ahorrar energía.** Las paredes, los suelos, el desván y el tejado contienen aislante fabricado en parte con plástico, lo cual ayuda a mantener nuestras casas frescas en verano y calientes en invierno. Varios tipos de bombillas LED, que consumen poca energía, se fabrican con plástico reciclado.

9 **Permite reducir las emisiones de CO_2 ligadas al transporte.** Su utilización en la fabricación de coches y camiones reduce su peso. Lo cual a su vez permite ahorrar carburante y disminuir las emisiones de gases de efecto invernadero.

10 **Hace nuestra vida más cómoda y más agradable.** Gracias al plástico, varios electrodomésticos, en particular el tostador y el microondas, son más ligeros y más asequibles. Las alfombras, las mantas y las almohadas contribuyen al confort de los seres humanos… y casi todas contienen plástico.

El plástico: ¡Una amenaza!

Diez buenas razones para reducir nuestro consumo de plástico

1 El plástico afecta a la salud de las personas. Encontramos minúsculas partículas* de plástico en el aire que respiramos, en el agua que bebemos y en ciertos alimentos que comemos. Algunas sustancias químicas que desprende el plástico podrían ser peligrosas para la salud humana.

2 El plástico contamina los suelos y las aguas subterráneas. En cada rincón del planeta, cientos de miles de toneladas de este material se entierran en vertederos subterráneos y liberan productos químicos tóxicos* que se infiltran en las aguas subterráneas y van a parar a los lagos y ríos.

3 El plástico contamina los océanos. Cada minuto se vierte a los océanos el equivalente de un camión de basura de plástico procedente de tierra firme, de nuestras aguas residuales que contienen microplásticos o de la industria marítima (pesca o transporte).

4 El plástico causa estragos en los mamíferos marinos. Al menos 100 000 mamíferos marinos mueren cada año debido a la contaminación por plástico.

5 El plástico mata las aves marinas. Cada año mueren más o menos un millón de aves, porque el plástico que han tragado les obstruye o perfora los intestinos.

6 El plástico envenena la cadena alimentaria. En los océanos, el plancton ingiere microplástico. Este plancton se lo tragan los peces, que después se comen los humanos.

7 El plástico genera montañas de desechos. La mayor parte se utiliza una sola vez y luego se tira.

8 El plástico no es biodegradable.* Simplemente se fragmenta en pedazos cada vez más pequeños. De modo que no desaparece nunca.

9 El plástico contribuye a los cambios climáticos. El proceso de producir el plástico o de incinerarlo cuando se convierte en desecho produce gases de efecto invernadero. Así pues, contribuye peligrosamente al calentamiento del planeta.

10 El plástico contamina en todas las etapas de su ciclo de vida. Contamina cuando lo producimos y contamina cuando lo tiramos. A escala planetaria, se recicla menos del 10 % del plástico. El resto acaba en vertederos subterráneos, en incineradoras o en los océanos.

¿El plástico de un solo uso? ¡Catastrófico!

Antes de la Segunda Guerra Mundial, existían pocos objetos de un solo uso. Se creaban objetos duraderos, que se mantenían y que se reparaban. Por ejemplo, los bolígrafos, los mecheros y las maquinillas de afeitar se fabricaban de metal y estaban concebidos para durar mucho tiempo. La invención del plástico nos sumergió en la era de lo desechable. Hoy día, tiramos sin pensárnoslo mucho lo que hace menos de cincuenta años habríamos conservado cuidadosamente.

¿Qué es el plástico de un solo uso?

Más o menos la mitad de los objetos de plástico se usan una sola vez y acaban en la basura. De ahí la expresión «plástico de un solo uso». Como no cuesta caro producirlo, no vacilamos en tirarlo. Pero estos objetos cuya vida útil dura unos minutos contaminarán el medioambiente durante cientos de años.

Según las Naciones Unidas, el plástico de un solo uso es uno de los desafíos medioambientales más importantes del planeta.

Botellas, bolsas y pajitas: Estragos inmensos

Las botellas

Cada minuto se venden en el planeta un millón de botellas de plástico. Se reciclan menos del 10 % de estos envases. Los demás terminan en el océano o en un vertedero subterráneo. Se tarda cinco minutos en beber el agua de una de estas botellas, pero su descomposición dura varios cientos de años.

Agua en botella de plástico	Agua del grifo
Coste: Varios cientos de dólares al año.	Coste: Gratuito o casi. Basta con pagar el importe del impuesto anual del suministro de agua.
Se necesita petróleo para fabricarlas. Además, para fabricar una botella hace falta unas seis veces más agua que la cantidad de agua contenida en la botella.	No se utiliza petróleo alguno. No se desperdicia nada de agua para fabricar un envase.
El agua se transporta de la fábrica a la tienda y después a casa del consumidor. Así que recorre muchos kilómetros antes de ser bebida.	Pasa directamente del grifo al vaso del consumidor.
Es muy contaminante, porque se reciclan muy pocas botellas.	No hay contaminación por plástico.
Contiene el doble de micropartículas que el agua del grifo. Puede contener contaminantes bacteriológicos o químicos.	Puede contener también micropartículas, pero muchas menos que en una botella de plástico.
El agua embotellada se analiza con poca frecuencia.	El agua del grifo se analiza con frecuencia.

Progresos que dan ánimos: Algunas empresas han empezado a fabricar sus botellas con plástico reciclado.

Las bolsas

Las bolsas de un solo uso son muy prácticas, pero son catastróficas. Las encontramos en el fondo del mar y en los glaciares. Atrancan las alcantarillas, se quedan enganchadas en los árboles y caen a las corrientes de agua. Matan a las aves, los peces y los mamíferos marinos que se las tragan.

Cada minuto se distribuyen en el planeta un millón de bolsas de plástico. La duración media de la vida de una bolsa es de 15 minutos. Según el tipo de plástico, hacen falta entre 100 y 500 años para su biodegradación.

Progresos que dan ánimos:
En 2020, casi un centenar de países prohibieron la venta de bolsas de plástico de un solo uso. Varias grandes cadenas de alimentación retiraron totalmente las bolsas de plástico de sus tiendas. Ahora la gente usa bolsas de tela o reutilizables.

Las pajitas

Cada año se utilizan y se tiran miles de millones de pajitas. Las pajitas contaminan las playas y ponen en peligro la vida de las tortugas y de las aves.

Progresos que dan ánimos:
En los restaurantes, cada vez se sustituyen más las pajitas de plástico por pajitas de papel o de metal, es decir, reutilizables. Incluso existen pajitas comestibles fabricadas con algas y con sabor a mango o a chocolate.
En febrero, todos los años, se celebra una
Jornada Internacional sin Pajitas.

Los envases: ¡Despilfarro por toneladas!

No hace tanto tiempo, la gente compraba la comida a granel.* Hoy, casi todo lo que compramos en la tienda de comestibles viene envasado en plástico de usar y tirar. Hasta la etiquetita pegada en la fruta. Puede uno salir de una tienda con una cesta que contenga tantos envases como alimentos.

El plástico permite preservar y conservar los alimentos. Gracias al embalaje de plástico, las tiendas de comestibles pueden ofrecer alimentos que vienen de lejos, pero que han conservado su frescura.

No obstante, la mayoría de los envases están concebidos para que se tiren después de haberse utilizado una sola vez. La comida vendida en raciones individuales es causa de un enorme despilfarro. Las familias gastan mucho dinero para llenar las fiambreras del almuerzo con raciones individuales de yogur, barritas energéticas, palitos de queso, etc. Todo eso genera toneladas de desechos.

Comercio electrónico y exceso de embalaje

La gente compra cada vez más en línea. Para proteger los productos durante la entrega e impedir que se rompan, esas mercancías se colocan en una caja de cartón. En el interior de la caja, todo va envuelto en capas y más capas de plástico de burbujas o en bolitas de poliexpán. Estas montañas de embalajes se tiran en cuanto se abre la caja. ¡De modo que la huella ecológica* es gigantesca! Esta situación no va a cambiar tan pronto, porque el mercado mundial del embalaje va a seguir creciendo en los próximos años.

Unas estadísticas que hablan por sí solas:

- El **25 %** del plástico producido en el mundo se utiliza para embalar.
- El **40 %** de los desechos de plástico producidos cada año se deben a los embalajes.
- El **95 %** de los plásticos destinados a los embalajes son de un solo uso.
- El **14 %** de los embalajes plásticos se recicla en el mundo. Es poquísimo. El resto se sepulta en la tierra o se quema en incineradores.

Progresos que dan ánimos

- **El movimiento cero desechos:**
  Este movimiento está en plena expansión. Los consumidores que se proponen el reto de cero desechos se pasean con sus utensilios y recipientes reutilizables por todos los sitios a los que van. Compran en tiendas en las que no hay envases. Por otro lado, cada vez hay más tiendas de alimentación cero desechos, en las que todo se vende a granel.

- **¡Tráete el recipiente!**
  Algunas grandes cadenas de alimentación permiten a los clientes llevar sus propios recipientes para envasar la carne, los pescados y mariscos, los bollos, etc.

- **Los envases ecorresponsables:**
  Los fabricantes están desarrollando envases nuevos más duraderos, reciclables y ecológicos. Algunos se fabrican con materiales compostables, como los hongos. Así que se biodegradan en unas semanas.

- **Las organizaciones se movilizan:**
  Más de 450 organizaciones (fabricantes, universidades y gobiernos) que abarcan los cinco continentes han firmado el Compromiso Global por la Nueva Economía del Plástico. Estas organizaciones se comprometen a que, de aquí a 2025, el 100 % de los envases plásticos sean reutilizables, reciclables o compostables.

Muchos juguetes = ¡mucho plástico!

Antes, todos los juguetes se fabricaban con madera o con telas. Pero la invención del plástico ha transformado completamente el mundo de los juguetes. Hoy día, más o menos el 90 % de ellos se fabrican con este material maleable y duradero que sale más barato que la madera o el metal. Pero, por otro lado, esto es una parte del problema. Los juguetes baratos se tiran con más facilidad.

Para fabricar juguetes, se utilizan diversos tipos de plásticos mezclados con otros materiales, lo que los hace difíciles de reciclar. De hecho, la mayoría se envían a vertederos subterráneos o se queman en incineradoras. Según ciertas estimaciones, cada año se tiran a la basura 10 millones de juguetes.

Todas las baratijas de plástico que compramos en las tiendas de todo a cien, que nos dan gratis en las bolsas de regalo por los cumpleaños, en las cajas de cereales o en un restaurante de comida rápida, tienen entretenidos a los niños durante unos minutos o unas horas. Pero esos pequeños artilugios que enseguida se tiran se enterrarán en un vertedero y tardarán cientos de años en desintegrarse.

La caja para construir el castillo de la Reina de las Nieves fue uno de los juguetes más populares de la Navidad de 2019. Esa caja incluía 521 piezas de plástico. Eso es mucho plástico, que antes o después irá a engrosar las montañas de residuos. Los centros de clasificación y los vertederos subterráneos observan que después de las fiestas se produce un aumento muy notorio de desechos para tratar.

Todos los años, en noviembre, la cantidad de los desechos aumenta aún más. Para la fiesta de Halloween, se venden millones de trajes fabricados en poliéster, en nailon o en otras fibras sintéticas.* Se añaden a estos trajes las pelucas, las máscaras, los complementos de adorno y las toneladas de envoltorios de caramelos. En la mayoría de los casos, todo eso no se usa más que una vez.

Cómo reducir el despilfarro de juguetes:

Optar por objetos fabricados con madera, algodón o caucho natural. Estos juguetes de calidad son duraderos. Cuestan más caros, pero pueden transmitirse de una generación a otra. También se pueden comprar juguetes usados o tomarlos prestados en las juguetecas.

¿Dónde acaba el plástico que tiramos?

La mayoría de los objetos de plástico se tira al cabo de un mes. Cada año, los canadienses tiran a la basura más de 3 millones de toneladas de plástico. ¿Dónde van a parar todos esos desechos? Se reciclan menos del 10 %. Cierta cantidad se incinera, pero la mayoría de los desechos acaban en la naturaleza o en los vertederos subterráneos.

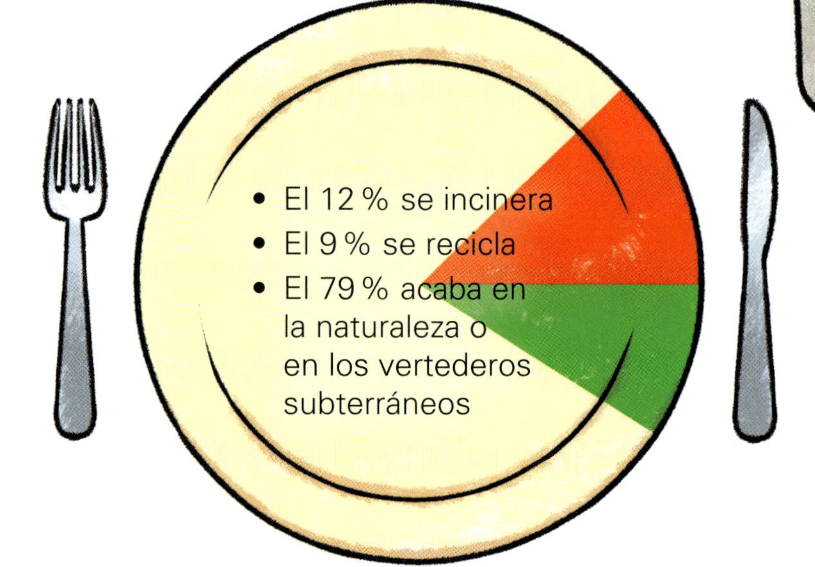

¿Por qué se recicla tan poco el plástico?

1 **La contaminación:** Cuando en un envase de plástico hay residuos de comida u otras impurezas, se vuelve imposible de reciclar.

2 **Los productos químicos:** El plástico contiene productos químicos, lo cual complica su reciclado. Incluso una vez reciclados, varios plásticos contienen todavía productos peligrosos para la salud y el medioambiente.

3 **Los costes:** El reciclado es un proceso complejo que exige mucha energía y mucha maquinaria. Muchas veces sale más caro reciclar plástico que fabricarlo nuevo.

4 **La calidad:** El plástico se degrada cada vez que se recicla. Pocos son los plásticos que se reciclan más de una vez.

5 **La demanda del mercado:** Como el plástico virgen sale barato, no hay mucho interés en reciclarlo. Más de un fabricante vacila en utilizar plástico reciclado, porque les parece de peor calidad.

6 **La normativa:** Según las leyes o las normativas industriales* vigentes, ciertos productos no pueden fabricarse a partir de plásticos reciclados, aunque éstos tengan la misma eficacia que los plásticos nuevos.

Enterrar el plástico: ¿Es una solución?

Gran parte de los desechos enviados al reciclaje acaba en vertederos subterráneos. Pero no basta con enterrar un desecho para solucionar el problema. El plástico enterrado en el suelo tarda siglos en desaparecer. Al descomponerse, libera sustancias tóxicas que se infiltran en el suelo y las aguas subterráneas. Además, los vertederos subterráneos ocupan un espacio natural que podría utilizarse para la agricultura.

¿Es preferible quemar el plástico?

La incineración* cuesta cara y crea emisiones de CO_2. Las humaredas tóxicas o las cenizas aventadas pueden recorrer largas distancias, depositarse en los suelos y las aguas, acumularse en los productos vegetales y ser ingeridas por animales y humanos. Dicho esto, cuando se queman los plásticos en una incineradora,* la contaminación se controla mucho más y permite producir calor o electricidad.

En conclusión, es más ecológico elegir la recuperación o la reutilización que quemar el plástico para producir energía.

En mi patio no

Durante varias décadas, Canadá, Estados Unidos y varios países de Europa han exportado sus desechos de plástico a China, el mayor importador de residuos plásticos del mundo. Los chinos se servían de esos desechos como materiales brutos para generar energía o producir objetos nuevos.

Por desgracia, los plásticos que provienen de los demás países muchas veces se mezclan con plásticos no reciclables, e incluso a veces con basuras. En 2018, China decide dejar de comprar esos desechos mal seleccionados y contaminados. Les dice a los países industrializados: «¡Ya está bien, guardad los desechos en vuestra casa!».

Sacudirse el problema de encima

Muy molestos, los países industrializados ya no pueden venderle sus desechos plásticos a China, pero siguen sin querer tenerlos en su propio patio. Al no estar equipados para hacer reciclaje de verdad, esos países ricos empiezan a exportar sus desechos de plástico hacia otros países del Sudeste Asiático. Pero Malasia, Vietnam, Tailandia, India e Indonesia tampoco están equipados para reciclar cargamentos contaminantes. Queman esos desechos en hogueras a cielo abierto, lo cual libera humo tóxico perjudicial para la salud, o los entierran en lugares que carecen de seguridad. Así, los plásticos enterrados agravan la contaminación de suelos, ríos y océanos.

¡Guardad vuestros desechos contaminantes en vuestro país!

Poco a poco, empieza a rugir la ira y los habitantes de los países del Sur comienzan a protestar contra esos desechos contaminantes procedentes del Norte. En 2019, Filipinas devuelve a Canadá 69 contenedores de desechos que llevaban cinco años pudriéndose en su puerto. Esos desechos supuestamente «reciclables» contenían en realidad pañales usados y residuos de cocina. Varios países de Asia deciden prohibir los desechos plásticos procedentes del extranjero.

La crisis del reciclado en los países ricos

Como ahora varios países de Asia se niegan a servir de vertedero a los países ricos, éstos se ven inmersos en una crisis del reciclado. Se encuentran con toneladas de desechos que no pueden reciclar por carecer del equipamiento necesario. Muchos materiales reciclables acaban en vertederos subterráneos o se incineran. Los países industrializados están, pues, ahora entre la espada y la pared y deben encontrar soluciones de reciclado.

Cambios que dan ánimos:

Esta práctica de enviar los desechos plásticos a los países pobres pronto será cosa del pasado. En 2019, más de 180 países llegaron a un acuerdo para establecer una normativa de exportación de los desechos plásticos. Gracias a un tratado internacional denominado Convención de Basilea, los países en vías desarrollo pueden rechazar los desechos plásticos no reciclables que entren en su territorio.

¡Océanos cubo de la basura, océanos enfermos!

Los océanos son importantes para los seres humanos

Los océanos son esenciales para la vida. Ocupan el 71 % de la superficie del globo y dan de comer a casi la mitad de los seres humanos. Auténticos pulmones del planeta, los océanos producen más de la mitad del oxígeno que respiramos. Actúan como una especie de termostato natural para regular la temperatura de la Tierra. Además, absorben aproximadamente el 30 % de las emisiones de dióxido de carbono* producidas por los humanos. Así pues, minimizan el impacto de los cambios climáticos. Siendo ahora más cálidos, más ácidos y estando más contaminados, nuestros océanos están muy enfermos.

¿Cuánto plástico hay en el océano?

Tratamos al océano como un gran cubo de la basura. Cada año se arrojan a los mares más de 8 millones de toneladas de plástico. Como la producción de desechos no deja de crecer, la contaminación marina aumenta continuamente. En 2025, los océanos podrían contener 1 tonelada de plástico por cada 3 toneladas de peces. En 2050, podría haber más plástico que peces en los océanos.

¿De dónde proceden los desechos plásticos que asfixian a los océanos?

- El **80 %** de los desechos plásticos procede del interior de la tierra firme. Los acarrean las lluvias, las alcantarillas, los arroyos y los grandes ríos antes de verterse a los océanos.
- El **20 %** del plástico que hay en los mares lo arrojan los barcos de pesca, los mercantes y los cruceros.

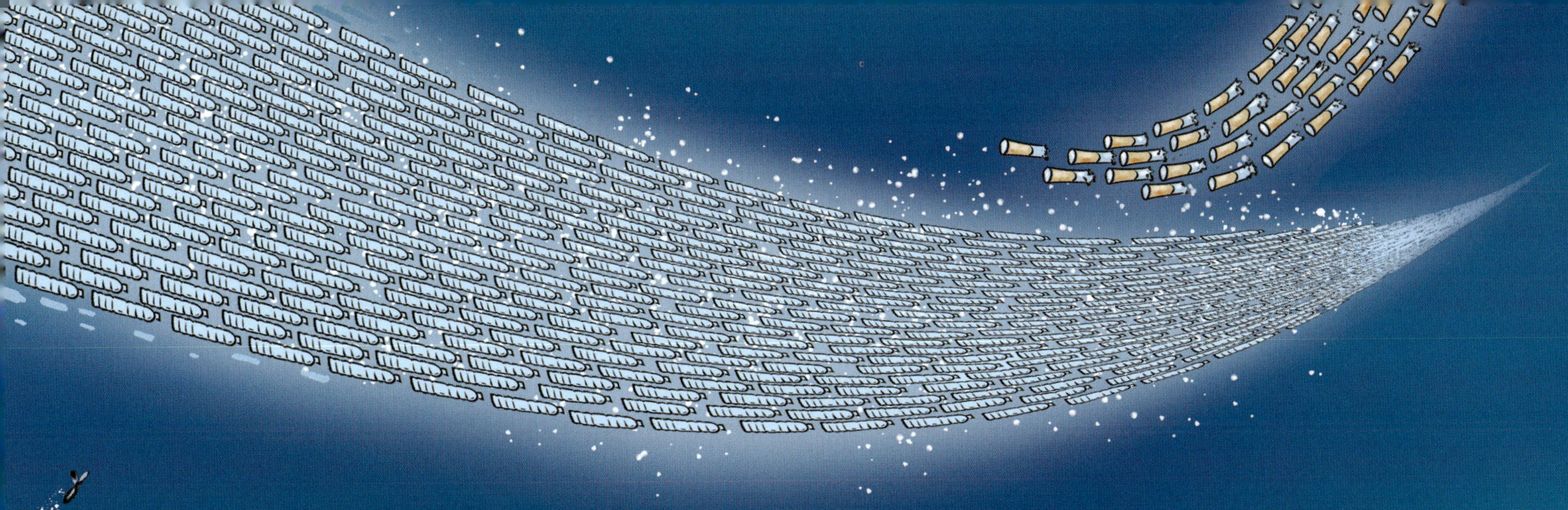

Las colillas

El peor contaminante para los océanos son las colillas de los cigarrillos. Anualmente se arrojan al medioambiente más de 4,5 millones de colillas. Éste es el desecho más extendido por las playas del mundo entero. Ese pequeño extremo del cigarrillo puede parecer insignificante, pero en absoluto lo es. El filtro contiene plástico, lo cual hace más lenta su biodegradación. La colilla también contiene sustancias químicas tóxicas, como la nicotina. Un único cigarrillo puede contaminar hasta 500 litros de agua. Cuando un fumador arroja la colilla al suelo, la lluvia la arrastra hasta las aguas subterráneas, después a los ríos y finalmente al océano.

Las redes de pesca fantasma

La pesca causa enormes estragos en los mares. Cada año se pierden, abandonan o arrojan a nuestros océanos 640 000 toneladas de aparejos de pesca. Las redes de pesca fabricadas en nailon resistente no se descomponen con facilidad.

Abandonadas por los pescadores, las redes que quedan a la deriva afectan a millones de animales marinos, desde los crustáceos más minúsculos a las ballenas. Esas redes fantasma son una trampa para animales que mueren atrapados en ellas. Y luego sus cadáveres se convierten en cebo que atrae a predadores más grandes que, a su vez, quedan prisioneros. Así continúa el ciclo durante años.

Los arrecifes de coral, que son ecosistemas* muy ricos pero muy frágiles, también se ven afectados por esas redes asesinas. Cuando una red se queda enganchada en unos corales, el plástico tapa los rayos del sol, los corales enferman y acaban muriendo.

Los remolinos de basura, una inmensa sopa de desechos

¿Adónde va el plástico en el océano?

Transportados por las corrientes, los desechos se concentran en cinco zonas marinas, a las que llamamos remolinos o islotes de basura. Son gigantescos remolinos de agua formados por las corrientes marinas. El plástico se acumula en el corazón de esas corrientes y forma inmensas extensiones de desechos llamadas «continentes» de plástico. No son superficies por las que se pueda caminar, sino más bien inmensas sopas de desechos flotantes.

Los cinco remolinos actuales son los cubos de basura más grandes del mundo. En algunos se pueden encontrar de 200 000 a 600 000 fragmentos de plástico por kilómetro cuadrado. El remolino del océano Pacífico contiene las concentraciones más elevadas del mundo. Conocido con el nombre de **Great Pacific Garbage Patch,** fue descubierto en 1992 y es igual de grande que la provincia de Quebec (1,6 millones de kilómetros cuadrados).

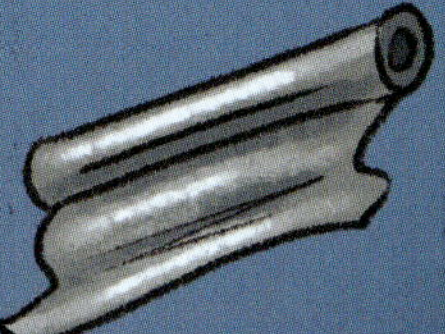

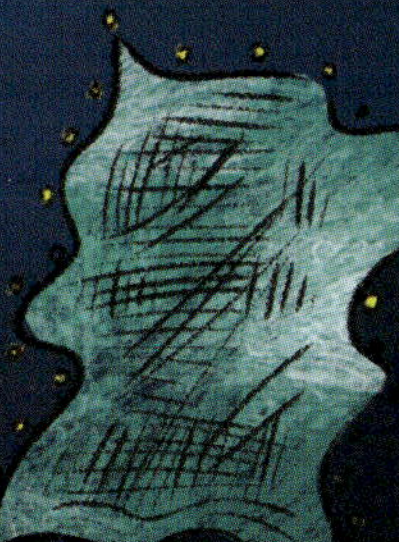

El plástico nunca desaparece de verdad

En los océanos, los fragmentos grandes de plástico se van degradando progresivamente por el efecto del Sol, de las corrientes y de las bacterias, y se fragmentan en trozos cada vez más pequeños hasta convertirse en microplástico, cuyo tamaño es inferior a 5 milímetros. Pasados cientos de años, una única botella puede haberse fragmentado en un millón de partículas. Este plástico no se mantiene mucho tiempo en la superficie y cae al fondo del océano. Más del 90 % del plástico arrojado al océano ya no flota en superficie. Se estima que la concentración de plástico en el suelo de los océanos es 1000 veces más elevada que en superficie.

En 2019, el explorador estadounidense Victor Vescovo batió el récord de inmersión submarina en el océano Pacífico. Instalado en un vehículo sumergible que lo protegía del frío y de la presión, bajó casi 11 kilómetros, en el lugar más profundo del océano Pacífico, llamado la fosa de las Marianas. ¿Qué encontró en el fondo? Una bolsa de plástico y envoltorios de caramelos.

En 2020, unos científicos descubrieron una nueva especie de anfípodo en la fosa de las Marianas. El estómago de ese crustáceo, parecido a una gamba, contenía plástico del que se utiliza para fabricar las botellas de agua. Los científicos le dieron el nombre de *Eurythenes plasticus*, para subrayar la envergadura de la contaminación en los océanos.

El plástico que mata

Desde las enormes ballenas hasta el microscópico zooplancton, todas las criaturas marinas comen plástico actualmente. Se estima que lo consumen más o menos el 90 % de los animales marinos del planeta. Cuando el plástico se acumula en el aparato digestivo de los animales, causa heridas en los órganos internos, dificultad para alimentarse y una mayor vulnerabilidad frente a los predadores.

Cada año, más de 100 000 mamíferos sufren heridas o mueren al quedar atrapados en desechos plásticos. Ese atrapamiento es un problema capital, porque cuando un animal se enmaraña en un trozo de plástico, se queda atascado en él o se le quedan esos restos enganchados a su cuerpo. Los animales más afectados son las tortugas, las focas, los delfines y las ballenas.

Si bien los fragmentos grandes de plástico pueden causar estragos, el plástico descompuesto en micropartículas es aún más nefasto. Esos minúsculos fragmentos los ingieren numerosas especies marinas: anfípodos, gusanos marinos, mejillones, ostras, crustáceos, peces y zooplancton.

Las aves

A las aves, el plástico que flota en el océano les parece alimento. Cada año mueren más de un millón de aves por habérselo comido. Cuando las aves tragan plástico, su estómago se llena y dejan de sentir hambre. Esto conlleva una subalimentación. Así pues, las aves marinas se vuelven más pequeñas, más ligeras y con una salud peor.

Los albatros que viven en el Pacífico Norte se han convertido en el símbolo de esta triste realidad. Murieron muchas de sus crías por tener el estómago estragado por fragmentos de plástico.

Las ballenas

En el transcurso de los últimos años, quedaron varadas en las playas numerosas ballenas. Estos cetáceos tenían el estómago lleno de plástico. En 2019, quedó varado un cachalote en una playa de Escocia. Su estómago contenía 100 kg de cuerda de plástico, redes de pesca, bolsas, vasos y botellas.

Los peces

Ciertos plásticos desprenden un olor atractivo para los peces, que lo confunden con el plancton. El 70 % de los peces de mar ya han comido plástico. Las partículas microscópicas se quedan atrapadas dentro de su cuerpo. Toda la cadena alimentaria del ecosistema marino queda contaminada y termina en nuestros platos.

Las tortugas marinas

Para una tortuga marina, una bolsa transparente que flota parece una medusa. Gran número de ellas se alimentan con ese plástico. Las consecuencias son trágicas: se asfixian, se atragantan o mueren de hambre, porque su estómago lleno les ha dado una falsa sensación de saciedad. Debido a esas bolsas, las tortugas marinas casi han desaparecido.

El plancton

El plancton está compuesto por organismos microscópicos que viven en suspensión en el agua. El plancton es vital para los océanos, porque está en la base de la cadena alimentaria y constituye el alimento de una enorme cantidad de animales marinos. El plancton animal no distingue las micropartículas de plástico de su alimento auténtico. Esto, en consecuencia, degrada su salud y la de los animales que se alimentan de él.

Descontaminar el «corazón azul» del planeta: ¡Un inmenso reto!

Los océanos son el «corazón azul» del planeta. Pero en toda la historia de la humanidad, nunca ha estado tan amenazada la vida marina. Actualmente, sólo están protegidos el 2,8 % de los océanos. Y los daños que causamos en ellos son dificilísimos de reparar. ¿Cómo limpiar esos inmensos mares que cubren el 70 % de la superficie de la Tierra?

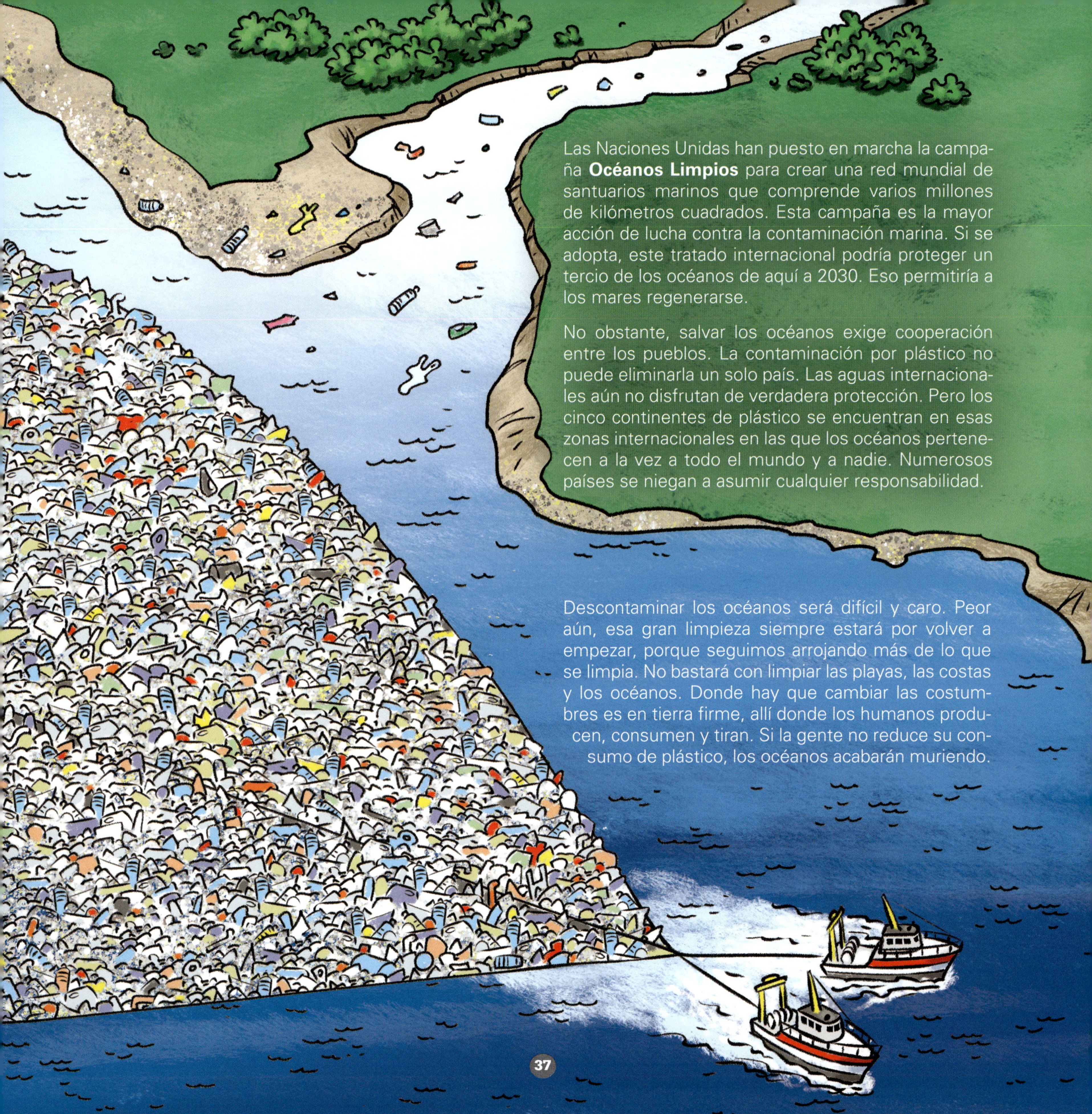

Las Naciones Unidas han puesto en marcha la campaña **Océanos Limpios** para crear una red mundial de santuarios marinos que comprende varios millones de kilómetros cuadrados. Esta campaña es la mayor acción de lucha contra la contaminación marina. Si se adopta, este tratado internacional podría proteger un tercio de los océanos de aquí a 2030. Eso permitiría a los mares regenerarse.

No obstante, salvar los océanos exige cooperación entre los pueblos. La contaminación por plástico no puede eliminarla un solo país. Las aguas internacionales aún no disfrutan de verdadera protección. Pero los cinco continentes de plástico se encuentran en esas zonas internacionales en las que los océanos pertenecen a la vez a todo el mundo y a nadie. Numerosos países se niegan a asumir cualquier responsabilidad.

Descontaminar los océanos será difícil y caro. Peor aún, esa gran limpieza siempre estará por volver a empezar, porque seguimos arrojando más de lo que se limpia. No bastará con limpiar las playas, las costas y los océanos. Donde hay que cambiar las costumbres es en tierra firme, allí donde los humanos producen, consumen y tiran. Si la gente no reduce su consumo de plástico, los océanos acabarán muriendo.

Tres inventos geniales

El Día Mundial de los Océanos se celebra el 8 de junio de cada año. Por este motivo, se organizan grandes campañas de limpieza en todos los rincones del globo. Miles de personas se movilizan para recoger los desechos que contaminan las playas, los mares, los arroyos y los ríos.

Capturar los desechos con una barrera flotante

En 2011, un joven neerlandés llamado Boyan Slat está haciendo submarinismo durante unas vacaciones en Grecia. El estudiante de 17 años queda conmocionado al comprobar que hay más desechos plásticos que peces para observar. Abandona sus estudios de ingeniería para dedicarse por entero a su sueño loco: liberar a los océanos de los desechos plásticos. Denomina su proyecto **Ocean Clean Up.**

Boyan inventa un sistema de recogida de los desechos. Esta estructura es una inmensa barrera flotante de 600 metros de largo en forma de U. La barrera está provista de una especie de faldón que llega a 3 metros bajo el agua. Esta membrana es lo bastante grande para interceptar los desechos y lo bastante pequeña para no molestar a los animales marinos. Propulsada por el viento y las corrientes, esta instalación flotante captura los desechos de plástico. Cada seis semanas pasa un barco para recoger las toneladas de desechos recogidos.

En 2018, se remolcó esta estructura hasta el corazón del continente de plástico del Pacífico Norte. **Ocean Clean Up** estima que podría reducir a la mitad el plástico del remolino del Pacífico de aquí a cinco años.

Pasar la aspiradora por las playas

Una gran parte de los desechos que aparecen en los mares la acarrean los ríos. Por ello, Boyan Slat decidió parar los desechos antes de que vayan a parar a los océanos. En 2019, el equipo de **Ocean Clean Up** inventó una gabarra* que limpia los ríos más contaminados del mundo. **The Interceptor** funciona con energía solar y arrastra una barrera flotante que recoge todos los desechos de la superficie. Una cinta transportadora se lleva los detritos a la gabarra, donde son arrojados en contenedores. Cuando estos contenedores están llenos, un ordenador de a bordo envía un mensaje a los operarios locales para que saquen los volquetes y los vacíen. Esta gabarra puede funcionar 24 horas al día y recoger hasta 50 toneladas de desechos diarios. En 2020, había dos de estos barcos en funcionamiento en Indonesia y en Malasia. En los próximos años, el equipo de **Ocean Clean Up** tiene previsto tratar los 1000 ríos más contaminados en el mundo. Como las basuras recogidas en los ríos son muy variadas, el equipo trabaja con las poblaciones locales para que esos desechos se reciclen cuando los países disponen del equipamiento necesario. Si no, las basuras se eliminan, asegurándose de que ningún residuo retorne al medioambiente.

Parar el plástico en los ríos

Por todas partes del mundo, las playas están muy contaminadas por microplásticos tan pequeños que no se ven. En 2019, unos estudiantes de ingeniería de la Universidad de Sherbrooke inventaron un aspirador especial llamado el **Hoola One.** Este aparato está constituido por un tubo de aspiración que junta la arena y el plástico en un depósito. Cuando ese depósito está lleno, se trasvasa la arena a una cubeta de decantación llena de agua de mar. La arena se deposita en el fondo y el plástico sube a la superficie. La arena limpia se vuelve a echar en la playa. Este aspirador está provisto de unos filtros capaces de recuperar micropartículas de tan sólo 50 micrómetros,* es decir, el grosor medio de un cabello humano. La máquina puede tratar 15 metros cuadrados de playa a la hora. Se probó con éxito en las playas de Hawái, que están muy contaminadas por los plásticos procedentes del remolino de basura del Pacífico.

El microplástico: invisible y peligroso

¿Qué es el microplástico?

Cuando el plástico va a parar a la naturaleza, se descompone en fragmentos pequeñísimos bajo el efecto del sol, del viento, de la lluvia o del océano. Con el paso del tiempo, esos pedacitos se desintegran en minúsculas partículas de 5 milímetros o menos, a las que llamamos microplástico. Cuando éste llega a ser microscópico, hablamos de nanoplástico.

Lágrimas de sirena

Otro tipo de microplástico lo crean las fábricas petroquímicas. Son bolitas del tamaño de un grano de arroz, utilizadas como materia prima para fabricar una gran variedad de objetos. Se las llama «lágrimas de sirena» y se encuentran cantidades gigantescas en los océanos.

¿De dónde procede?

De objetos diversos

El microplástico procede de los desechos plásticos desintegrados.

De nuestra ropa

El 60 % de la ropa se fabrica con fibras sintéticas hechas a base de petróleo, como el nailon, el poliéster y el acrílico. Estas fibras sintéticas son ligeras y duraderas, y salen baratas. No obstante, en la lavadora, estos tejidos sueltan microfibras seis veces más pequeñas que un cabello. Una tanda de lavado de seis kilos puede generar 700 000 microfibras tan minúsculas que resulta imposible deshacerse de ellas. Una parte la filtran las fábricas de depuración de agua, pero no todo. Muchas acaban en los arroyos, en los ríos y en los océanos.

Para reducir la contaminación causada por las microfibras, podríamos:

- Fabricar lavadoras provistas de un filtro para evitar que el microplástico acabe en la cadena alimentaria.
- Incluir menos fibras sintéticas en los tejidos o favorecer la ropa de fibras naturales, como la lana, el lino, el algodón, etc.

De los neumáticos y frenos de los coches

Cuando un conductor frena, los neumáticos de su coche se rozan contra el asfalto y, debido a esa fricción, se desprenden de ellos minúsculas partículas de caucho. Las zapatas de freno también pierden partículas cuando entran en contacto con el disco. Cada año, el desgaste de los neumáticos y de los frenos de los coches produce más de 200 000 toneladas de partículas de microplástico.

¿Adónde va el microplástico?

Arrastrado por los vientos, el microplástico viaja hasta larguísimas distancias. Se deposita en los mínimos recovecos del planeta, en las más altas montañas y hasta en el fondo más recóndito de los océanos. E invade también a todas las especies.

A los océanos

El microplástico es demasiado pequeño para que lo extraigan por completo los sistemas de filtrado de agua. Así pues, se vuelve a arrojar a los lagos y los ríos y acaba en los océanos. El zooplancton come microplástico, lo cual después contamina toda la cadena alimentaria.

A los suelos

Los agricultores utilizan mucho plástico para producir las frutas y verduras. Los invernaderos, los sistemas de riego, los túneles de cultivo y las redes para proteger los cultivos de las aves y de los insectos, todo eso se fabrica de plástico. Se entoldan campos enteros con plástico para prolongar la temporada de producción. Los microplásticos penetran, pues, en las raíces de las plantas y de los árboles. Los científicos han encontrado microplásticos en las manzanas, las lechugas, las zanahorias, el brécol y las patatas. Además de contaminar los suelos, afecta a los microorganismos que contribuyen a la fertilidad de las tierras. La contaminación por microplásticos es, al parecer, entre 4 y 23 veces más elevada en los suelos que en los océanos.

A los glaciares

Los investigadores han encontrado grandes cantidades de plástico en el Ártico, lo cual muestra hasta qué distancia puede viajar la contaminación. A medida que se va recalentando el planeta y se van derritiendo los glaciares, estos microplásticos podrían ser vertidos a los océanos.

A la atmósfera

Según investigaciones recientes, gran parte de los microplásticos que hay en el aire procede de las chimeneas de la industria pesada, de las incineradoras, de las carreteras y de los suelos que contienen microplásticos aventados por el aire. Las concentraciones son más elevadas en las ciudades, pero esas partículas también se han observado en lugares muy apartados.

Cuando se entrechocan las olas del mar y causan turbulencias, los microplásticos salen despedidos y los vientos de alta mar se los llevan a la orilla. Es como si el océano eructara microplástico. O sea, que el aire que respiramos puede contener microplásticos que antes flotaban en el océano.

Invisible y peligroso

Los científicos no saben exactamente qué cantidad de microplástico es la que contamina el entorno, pero sí saben que es enorme. Es tanto más peligroso cuanto que es INVISIBLE. Peor aún, no tenemos ni idea del tiempo que hará falta para que desaparezca.

Comemos, bebemos y respiramos microplástico

A diario, respiramos, bebemos y comemos partículas de plástico. Respiramos las microfibras de nuestra ropa y las que están presentes en el polvo doméstico. Las bebemos en el agua del grifo y todavía más si bebemos agua embotellada. Sin contar todo lo que se encuentra en numerosos alimentos: pescado, sal, miel, azúcar, chicle, bolsitas de té, etc.

Los seres humanos tienen, pues, millones de microfibras de plástico en su aparato digestivo y en sus vasos sanguíneos. Ciertas estimaciones dicen que los humanos tragan más de 2000 partículas de microplástico por semana. Sabemos que esas nanopartículas pueden atravesar la pared intestinal. Lo que no sabemos es si el cuerpo logra eliminarlas.

Miles de aditivos químicos

Para fabricar un plástico flexible o rígido, pero sobre todo duradero, hay que añadirle miles de aditivos químicos. Contrariamente al vidrio o al acero, el plástico se transforma cuando se degrada. Libera, por tanto, moléculas químicas al contacto con el calor, con ácidos o con grasa.

Un día en la vida de Chang

En el desayuno, se bebe un zumo de frutas que viene en un envase de cartón plastificado.

La miel que unta en sus tostadas contiene microplástico.

A mediodía, se come un tazón de sopa instantánea que calienta en el microondas en un envase de plástico.

Esto lo acompaña con un perrito caliente con kétchup y mostaza por encima. Todos estos alimentos vienen envasados en plástico.

Un peligro invisible

El microplástico es tanto más peligroso cuanto que es invisible. Como la producción no deja de aumentar, nuestra exposición también aumenta. Por el momento, no se conoce mucho el impacto tóxico de las microfibras y del microplástico en la salud humana.

La exposición a ciertos plásticos está ligada, sin embargo, a problemas de salud:

- Puede producir hiperactividad o trastornos del comportamiento.
- Puede provocar asma o lesiones en los pulmones.
- Puede fragilizar el sistema inmunitario.*
- Puede causar diabetes.
- Puede favorecer ciertos tipos de cáncer.

Cómo disminuir la cantidad de plástico que ingerimos:

- Evitar las botellas de agua de un solo uso.
- No utilizar cubiertos ni vajilla de usar y tirar.
- No meter envases de plástico en el horno microondas.
- Dejar la comida el menor tiempo posible en embalajes plásticos.

Durante el día, Chang se bebe el contenido de dos botellitas de agua, las dos de plástico.

Masca chicle que contiene plástico.

Por la noche, come atún en conserva. El atún contiene microplástico. Y el revestimiento interior de la lata de conserva es de plástico.

A este menú de plástico se añaden las microfibras que se desprenden de su ropa.

¿Son los bioplásticos la solución?

Los bioplásticos se dividen en tres categorías:

Biobasados

Aunque se fabriquen con vegetales, más de la mitad de los plásticos biobasados no son biodegradables o compostables, porque contienen productos químicos que pueden degradarse en moléculas tóxicas.

Biodegradables

Contrariamente a varios materiales biodegradables que se descomponen en un medio natural, el plástico biodegradable solamente pueden descomponerlo unos microorganismos producidos en condiciones de compostaje industrial.

Compostables

El plástico compostable se descompone por completo, no deja ningún residuo tóxico y se transforma en compost. No obstante, ciertos plásticos compostables hay que degradarlos en compostadores industriales.

Ahora se encuentran botellas, bolsas, envoltorios alimentarios y utensilios fabricados con plástico vegetal. Algunas empresas utilizan embalajes hechos a base de hongos, que se biodegradan en la naturaleza en unas semanas.

¿Arreglan verdaderamente el problema los bioplásticos?

¿Son los bioplásticos menos dañinos para el medioambiente? La respuesta no es sencilla, porque este tipo de plástico tiene muchas desventajas:

1. La producción a gran escala de bioplástico exige muchos cereales, es decir, mucha energía, lo cual somete a presión las tierras cultivables y contribuye a la desertificación. La descomposición de los bioplásticos debe realizarse en fábricas a elevadas temperaturas. Este proceso es caro y puede durar varios meses.
2. La producción del bioplástico resulta entre dos y tres veces más cara que la del plástico tradicional.
3. La mayoría de los bioplásticos contienen también aditivos químicos. Algunos no se biodegradan totalmente y dejan residuos tóxicos, lo cual representa un riesgo para la salud y para el medioambiente, igual que los plásticos convencionales.
4. Como no se descomponen fácilmente o del todo en la naturaleza, los bioplásticos «se pierden» o se tiran.

Utilizar productos de usar y tirar, aunque sean bioplásticos, constituye un despilfarro gigantesco. Sustituir el plástico de usar y tirar fabricado con petróleo por bioplástico de usar y tirar fabricado con plantas no soluciona el problema de la contaminación. La solución duradera está más bien en el reciclado de los plásticos existentes y en el cambio de nuestra manera de consumir.

La economía circular, ¿una iniciativa ideal?

¿Qué hacer para disminuir la contaminación por plástico? ¿Para detener esta enloquecida espiral que está fuera de control? Mejorar el reciclado no bastará. Tenemos que cambiar nuestra manera de fabricar, de consumir y de tirar. E instalar un sistema en el que podamos disfrutar de los beneficios del plástico mientras reducimos su impacto en el medioambiente.

Pasar de la línea recta al círculo

Extraer-fabricar-consumir-tirar es nuestra manera actual de vivir. Esto es lo que se llama una economía lineal, en la que la actividad se realiza en línea recta. Lo que hace falta es establecer una economía circular, pasando de lo desechable a lo reutilizable, lo cual instala un bucle. La idea del círculo procede del hecho de producir bienes y servicios limitando el desperdicio de materias primas y el recurso a fuentes de energía no renovables.

¿Qué es la economía circular?

En la palabra «circular» encontramos la palabra «círculo». Antes, incluso, de fabricar un objeto, tenemos que preguntarnos cómo lo vamos a «deshacer» una vez que ya no sirva. Lo cual viene a resumirse en cambiar completamente nuestra manera de fabricar, utilizar y tirar.

Reciclado en bucle abierto	Reciclado en bucle cerrado
Tomamos un producto usado y lo transformamos en un producto de menor calidad.	Tomamos un producto usado y lo reciclamos para hacer con él un producto idéntico al producto inicial.
Ejemplo: Reciclamos una botella de plástico usada para convertirla en plástico de embalar. 	Ejemplo: Reciclamos una botella de plástico usado en una botella de plástico nueva. 

¡El bucle cerrado es mucho mejor!

- No se utilizan recursos naturales vírgenes.
- Se disminuye la incineración.
- Se disminuye el entierro de los desechos.

Las 4 R

Para la mayoría de las personas, un desecho es algo que se tira y que no tiene valor. En una economía circular, los desechos se consideran materias primas. Aplicamos el enfoque de las 4 R:

1 Replantearse la producción y el consumo.
2 Reducir nuestro consumo de lo que no es imprescindible.
3 Reutilizar los productos y las materias.
4 Reciclar: «Deshacer» los productos para producirlos una segunda vez con las mismas materias.

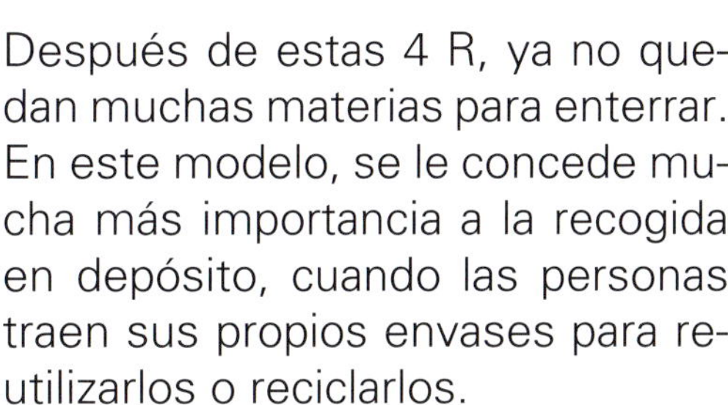

Después de estas 4 R, ya no quedan muchas materias para enterrar. En este modelo, se le concede mucha más importancia a la recogida en depósito, cuando las personas traen sus propios envases para reutilizarlos o reciclarlos.

El que contamina, paga

En una economía circular, los costes de gestión de los desechos ya no los pagan los gobiernos, sino más bien las empresas que producen el plástico. Cuando se las obliga a pagar el coste del reciclado de sus productos, las empresas no tienen más remedio que replanteárselos y modificarlos, con el fin de hacerlos más ecológicos. Varios países ya han promulgado leyes para responsabilizar a las empresas.

Cero desechos

La empresa social TerraCycle ofrece una plataforma de cero desechos, vendiendo embalajes reutilizables. Se pueden encargar en línea productos como helado, champú o detergente para lavadora embalados en envases reutilizables. Esos envases se devuelven a la empresa, quien los limpia y los reintegra a la cadena. Están concebidos para utilizarse cada uno un centenar de veces como mínimo. Esta manera de comprar genera costes de transporte y de limpieza, pero esto es menos dañino para el entorno que fabricar un envase nuevo cada vez.

Proyectos innovadores para proteger mejor el medioambiente

Hay alumnos que pagan sus gastos de escolaridad con desechos plásticos

En Camboya, uno de los países más pobres del planeta, muchos niños siguen sin tener acceso a una educación de calidad. En una aldea, unos voluntarios han construido una escuela especial. Las paredes de la **Coconut School** están hechas de botellas de plástico y neumáticos. Los alumnos, que proceden de familias desfavorecidas, recogen desechos de plástico para pagarse los gastos de escolaridad. Después, estos residuos se venden al reciclado. La escuela ofrece clases de inglés y de informática, y, por supuesto, un curso sobre reciclaje.

La vajilla que se come

¡Sí, existe! En Bélgica, la empresa **Do Eat** fabrica tarrinas de vidrio con mondas de patata. En Polonia, la compañía **Biotrem** fabrica cuencos y platos a base de salvado de trigo, compostables en 30 días. En la India, la compañía **Bakeys** produce utensilios de harina de mijo, arroz o trigo. Esto limita el impacto medioambiental de la vajilla de usar y tirar, muy presente en la comida rápida. Encontramos, incluso actualmente, recetas para fabricarse uno mismo su propia vajilla comestible.

Un cepillo de dientes de bambú

Los dentistas recomiendan cambiar de cepillo de dientes cada tres o cuatro meses. Cada año, más de 4000 millones de cepillos de dientes se queman, se tiran a los vertederos o acaban en los océanos, en donde pueden contaminar durante 500 años. Es más ecológico, por tanto, utilizar un cepillo de dientes de bambú que un cepillo de plástico, porque el mango de bambú es biodegradable y compostable.

Reciclado químico

Hay plásticos que no son fáciles de reciclar. Primero hay que seleccionarlos, limpiarlos, triturarlos y luego fundirlos para fabricar productos nuevos. Esto es lo que se llama el reciclaje mecánico. La mayoría de los plásticos reciclados son de baja calidad, lo cual explica por qué las botellas de agua sólo pueden reciclarse tres o cuatro veces.

Lo bueno es que el reciclado del plástico se dispone a dar saltos de gigante gracias al reciclaje químico. Este proceso consiste en extraer del plástico los monómeros, o sea, los ingredientes de base que sirvieron para fabricarlo. Eso permite purificar los plásticos usados para devolverlos al estado de plástico 100 % virgen, y devolverle así su valor completo. Esto es lo que se llama la despolimerización. De modo que se puede recrear plástico nuevo sin utilizar petróleo.

Varias compañías canadienses hacen reciclaje químico. Se estima que de aquí a unos treinta años, el 60 % de los plásticos serán reciclados.

Piezas LEGO a base de plantas

La compañía LEGO vende 75 000 millones de piezas al año. De modo que hacen falta más de 1000 años para que esos pequeños bloques se desintegren en el océano. Con el fin de disminuir esta contaminación por plástico, la empresa se ha comprometido a sustituir las piezas de plástico fabricadas a base de petróleo por piezas fabricadas con caña de azúcar. LEGO promete pasarse totalmente al plástico vegetal de aquí a 2030.

Clases de ladrillos de plástico reciclado

Costa de Marfil, en África Occidental, carece de escuelas para educar a todos los niños. Un proyecto innovador* de UNICEF y de la organización Conceptos Plástico está abordando este problema. Las mujeres se apuntan en un programa para recoger los desechos de plástico, lo cual les aporta un beneficio. Los desechos recogidos se transforman después en ladrillos. Duraderos y fáciles de apilar, esos ladrillos de plástico sirven para construir aulas de clase.

Encontramos proyectos parecidos en Colombia, en Argentina y en México. Estas construcciones de plástico son más baratas y más resistentes que las chabolas construidas en los barrios marginales.

COVID-19* y desechos plásticos

La lucha contra la contaminación por plástico ha hecho rápidos e importantes progresos durante los últimos cinco años. Pero en 2020, una pandemia* mundial le puso la zancadilla a esta pelea. Para detener la transmisión de la COVID-19, el plástico de un solo uso ha reaparecido con gran fuerza.

Para protegerse del virus, la gente compró masivamente mascarillas, guantes de usar y tirar y toallitas desinfectantes. El consumo de plástico de un solo uso también se disparó en los hospitales, porque se necesitaron cantidades enormes de batas impermeables, de viseras y de pantallas protectoras. Eso, sin contar todo el material médico, como los respiradores y los ventiladores, las jeringuillas, los tubos médicos de PVC y las bolsas de sangre. Una proporción importante de esos desechos médicos se envía directamente a incineradoras.

Se instalaron pantallas protectoras de plexiglás en los comercios, los restaurantes, las oficinas, los colegios y muchos lugares públicos. Una vez terminada la pandemia, estas gigantescas cantidades de plexiglás irán a parar a la basura.

La pandemia también ha modificado nuestras costumbres de consumo. Antes de la llegada del coronavirus, la gente utilizaba bolsas, botellas de agua y vasos reutilizables. Después, por miedo a la transmisión, muchas tiendas de comestibles prohibieron el uso de envases reutilizables. Con el cierre de los restaurantes, han subido como la espuma el consumo de alimentos preparados para llevar y las compras en línea, lo que ha provocado una escalada de la utilización de embalajes de uso único.

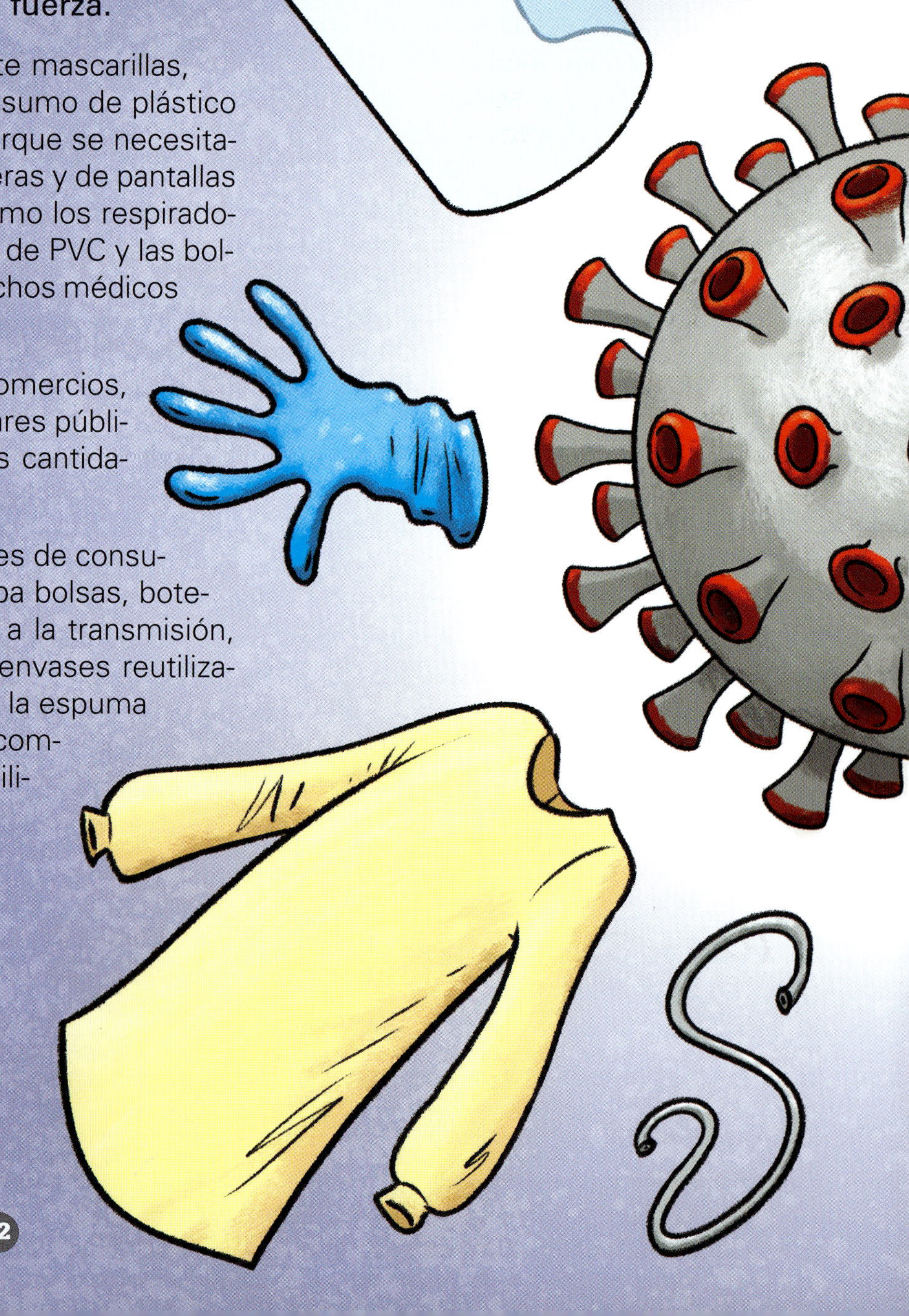

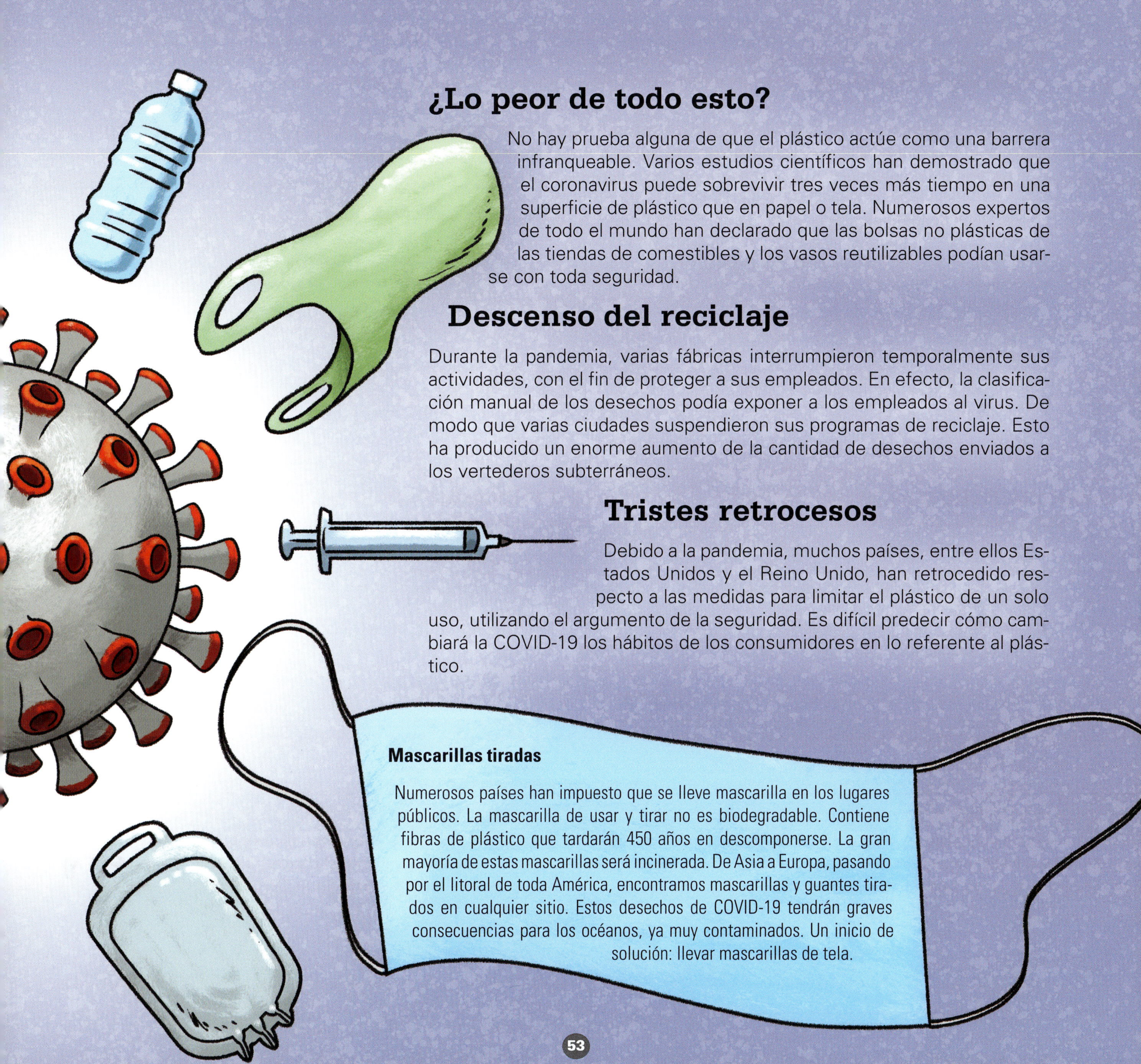

¿Lo peor de todo esto?

No hay prueba alguna de que el plástico actúe como una barrera infranqueable. Varios estudios científicos han demostrado que el coronavirus puede sobrevivir tres veces más tiempo en una superficie de plástico que en papel o tela. Numerosos expertos de todo el mundo han declarado que las bolsas no plásticas de las tiendas de comestibles y los vasos reutilizables podían usarse con toda seguridad.

Descenso del reciclaje

Durante la pandemia, varias fábricas interrumpieron temporalmente sus actividades, con el fin de proteger a sus empleados. En efecto, la clasificación manual de los desechos podía exponer a los empleados al virus. De modo que varias ciudades suspendieron sus programas de reciclaje. Esto ha producido un enorme aumento de la cantidad de desechos enviados a los vertederos subterráneos.

Tristes retrocesos

Debido a la pandemia, muchos países, entre ellos Estados Unidos y el Reino Unido, han retrocedido respecto a las medidas para limitar el plástico de un solo uso, utilizando el argumento de la seguridad. Es difícil predecir cómo cambiará la COVID-19 los hábitos de los consumidores en lo referente al plástico.

Mascarillas tiradas

Numerosos países han impuesto que se lleve mascarilla en los lugares públicos. La mascarilla de usar y tirar no es biodegradable. Contiene fibras de plástico que tardarán 450 años en descomponerse. La gran mayoría de estas mascarillas será incinerada. De Asia a Europa, pasando por el litoral de toda América, encontramos mascarillas y guantes tirados en cualquier sitio. Estos desechos de COVID-19 tendrán graves consecuencias para los océanos, ya muy contaminados. Un inicio de solución: llevar mascarillas de tela.

Trucos y mañas

Los jóvenes nunca son demasiado jóvenes para actuar y reducir la contaminación por plástico. Llevar una cantimplora de agua o utilizar una pajita de metal: estos nuevos comportamientos, por pequeños que sean, marcan el inicio del cambio.

En casa, preferimos:

- Utilizar un cepillo de dientes de bambú o de cabezal renovable.
- Adoptar el champú de pastilla.
- Elegir productos domésticos a granel mejor que envasados en una botella de usar y tirar (champús, jabones para las manos, para fregar los platos o para la colada).
- Cambiar las bolsas de plástico o el film de plástico por opciones reutilizables (cubreplatos de tela o envases hechos a base de cera de abejas).
- Sustituir ciertas prendas fabricadas en poliéster o en nailon por ropa de fibras naturales.
- Instalar un filtro en la lavadora con el fin de evitar que las microfibras de plástico se vayan por el desagüe a las plantas depuradoras y luego a los mares.

En el colegio, nos enorgullece:

- Utilizar una cantimplora para el agua y los zumos de fruta.
- Hacernos nosotros mismos los tentempiés y transportarlos en contenedores lavables, con el fin de llevarnos el almuerzo a la escuela sin generar desechos.
- Organizar jornadas sin plástico en las que participe todo el colegio.
- Poner en marcha un programa de reciclaje o de compostaje.

En la tienda de comestibles, elegimos:

- Llevar nosotros mismos bolsas reutilizables.
- Usar recipientes reutilizables para los alimentos a granel.
- Comprar las frutas y verduras sin embalaje y transportarlas en bolsas de red.
- Dejar de comprar el agua embotellada.
- Evitar los alimentos en porciones individuales (tarrinas de yogur, palitos de queso o bolsitas de cacahuetes).

En el restaurante no se hacen excepciones:

- Decir que no a las pajitas de plástico. Llevar nosotros nuestra pajita de metal o de bambú si no podemos prescindir de ella para beber.
- Elegir un cucurucho de helado mejor que una tarrina de plástico.
- Pedir menos envases para la comida para llevar.

Cuando vayamos de excursión o de viaje, tener previsto:

- Llevarnos nuestros propios utensilios de bambú o de metal para evitar los utensilios de usar y tirar.
- Crearnos un neceser de viaje propio con bolsas de tela para bocadillos, una pajita de bambú, envoltorios lavables y bolsas reutilizables.

Las actividades especiales: ¡Ideales para hacer amigos nuevos!

- Participar en una campaña colectiva de limpieza a las orillas de un lago o en una playa es una buena ocasión para hacer amigos nuevos y divertirse trabajando en una causa común.
- Apuntarse al reto de Julio Sin Desechos es una estupenda actividad para toda la familia.

Esperanza y acción en el horizonte

El plástico es fabuloso, en eso estamos todos de acuerdo. Pero los desechos de plástico son catastróficos. ¿Habría que prohibir el plástico? Imposible. Lo necesitamos para la medicina, la tecnología y casi todos los demás aspectos de la vida. El plástico se ha vuelto indispensable y sería impensable prescindir de él.

¿Cómo evitar que se asfixie el planeta bajo el plástico? Aumentar el reciclado no solucionará el problema, porque la producción de plástico continúa aumentando. Está previsto que en 2025 produzcamos 600 millones de toneladas, frente a 438 millones en 2017.

Esperanza en el horizonte

Desde hace unos años, asistimos a un movimiento mundial de protesta contra la contaminación por plástico. Los ciudadanos se movilizan y se organizan, con manifestaciones y campañas masivas de limpieza. Los gobiernos también actúan. Unos sesenta países han prohibido el plástico de usar y tirar. China es uno de los países que más plástico consumen en el mundo. En 2020, este país adoptó un ambicioso plan que prohíbe varios plásticos de uso único. Por su lado, la Unión Europea ha votado un plan de acción para hacer que de aquí a 2030 todos los envases de plástico sean reutilizables o reciclables. Canadá también se ha comprometido a prohibir ese tipo de plástico de aquí a 2021.

El plástico en sí mismo no es malo. Lo que sí es dañino es utilizarlo una sola vez. El problema es tan amplio y tan complejo que no hay una única solución. Tenemos que cambiar nuestra manera de fabricar, utilizar y reciclar el plástico.

Lo que pueden hacer las empresas:

- Disminuir la producción de plástico virgen y reutilizar más el plástico ya existente.
- Desarrollar materiales biodegradables y reciclables.
- Desarrollar aditivos químicos menos contaminantes.
- Sustituir los envases de plástico por envases compostables.

Lo que pueden hacer los gobiernos:

- Tratar el plástico como un contaminante e inscribirlo en la lista de las sustancias tóxicas permitiría prohibir la producción y la venta de los plásticos dañinos para el medioambiente y la salud.
- Reciclar más y mejor con el fin de reducir el vertido subterráneo de plástico.
- Reducir o eliminar el plástico de un solo uso.
- Gravar con impuestos la utilización de productos de plástico de un solo uso.
- Obligar a las empresas a gestionar sus desechos.
- Interrumpir la exportación de los desechos plásticos a los países en vías de desarrollo.
- Coordinarse a escala internacional para luchar contra esa contaminación.
- Instaurar una economía circular, que tenga como eje desechos cero.

Lo que pueden hacer los ciudadanos:

Aunque sea reciclable, el plástico es fuente de contaminación. Reciclar, sí, pero lo primero y antes que nada: ¡¡¡reducir!!! A fin de cuentas, quienes van a decidir el futuro del plástico son los consumidores. De modo que tienen que modificar su comportamiento y, sobre todo, su manera de consumir. Como dice el eslogan: «la mejor utilización es la reutilización».

Actualmente, la lucha contra la contaminación por plástico puede parecer un desafío imposible de superar, pero no lo es. Con enfoques prácticos e innovadores, un paso cada vez, un desecho cada vez, lo podemos lograr.

Léxico

- **A granel:** Mercancía que no viene envasada y que muchas veces se vende al peso o por unidades.

- **Aditivos:** Sustancia añadida a un producto y que permite su preservación.

- **Contaminación:** Degradación o destrucción del entorno por parte de los seres humanos.

- **COVID-19:** Enfermedad que se desarrolló en 2019 en China. Llamada también coronavirus, esta enfermedad se transmite en especial a través de los aerosoles (estornudos, toses). Los síntomas más frecuentes son la fiebre, la tos, la fatiga y dificultades respiratorias.

- **Craqueo:** En química, operación en la que se descompone una molécula compleja en fragmentos más pequeños. El craqueo es una etapa del refinado del petróleo.

- **Dióxido de carbono:** Gas inodoro e incoloro. Conocido también con el nombre de CO_2, el dióxido de carbono está presente en la atmósfera de manera natural. Este gas se produce cuando se queman productos que contienen carbono (madera, carbón, azúcar, petróleo). Este gas de efecto invernadero permite mantener caliente la Tierra, pero su aumento provoca el calentamiento climático.

- **Ecosistema:** Conjunto, dentro de la naturaleza, formado por seres vivos y el entorno en el que viven.

- **Fibra sintética:** Elemento filamentoso, delgado y alargado, que compone un cuerpo o un objeto. Hay fibras naturales y fibras sintéticas, es decir, fabricadas por los humanos con una mezcla de productos químicos.

- **Gabarra:** Embarcación de fondo plano con vela.

- **Gas natural:** Combustible fósil que se forma gracias a la descomposición de restos de plantas o de animales. Encontramos este gas en el suelo o en rocas porosas. El gas natural es una de las principales fuentes de energía utilizadas por los seres humanos después del petróleo y el carbón.

- **Huella ecológica:** Estimación de la superficie total de las tierras y de los océanos necesaria para responder a las necesidades de los humanos y eliminar sus desechos. Permite comprender mejor el impacto que tiene el consumo humano sobre el medioambiente.

- **Incineración, incineradora:** Acción de quemar un desecho para reducirlo a cenizas. Los desechos se queman en un aparato llamado incineradora.

- **Innovador:** Un enfoque o una persona que innova, que es original y audaz. Innovar quiere decir inventar algo o aportar alguna novedad a un ámbito.

- **Micrómetro:** Unidad de medida de longitud igual a una millonésima de metro.

- **Monómero, polímero:** Sustancia química constituida por una cadena de moléculas semejantes y repetitivas, llamadas monómeros. Hay polímeros naturales (algodón, seda, madera, etc.) y polímeros sintéticos (plásticos y cauchos sintéticos).

- **Nafta:** Líquido transparente que procede de la destilación del petróleo.

- **Normas industriales:** Reglas que deben seguirse para garantizar el buen funcionamiento y la seguridad de un producto o de un método.

- **Pandemia:** Una pandemia es una epidemia que se ha propagado al mundo entero y que afecta a gran número de personas. La COVID-19, la gripe, el cólera y la viruela son enfermedades pandémicas.

- **Partícula:** Parte pequeñísima de una sustancia.

- **Petróleo:** Aceite mineral natural que se encuentra bajo tierra. Se puede refinar el petróleo, es decir, quitarle sus impurezas, para hacer con él gasolina y plástico. El petróleo no es renovable y ya no queda mucho en el planeta.

- **Sistema inmunitario:** Conjunto de las células y órganos que defienden al organismo contra los cuerpos extraños, las infecciones, los virus y las bacterias.

- **Tóxico:** Sustancia que actúa como un veneno y que es peligrosa para los organismos vivos.

Bibliografía

Se han consultado numerosos libros y decenas de artículos para redactar este documento. He aquí los principales libros consultados:

- Plamondon, Ch. y Sinha, J.: *Vivre sans plastique.* Quebec, Écosociété, 2019.

- *L'Atlas du plastique: faits et chiffres sur la crise du plastique.* Por la Fundación Heinrich Böll, La Fabrique Écologique, Zero Waste France y Break Free From Plastic, 2020.

- Abbing, M.: *Plastic Soup: An Atlas of Ocean Pollution.* Washington D. C., Islands Press, 2019.

Artículos:

- «Pollution plastique – fiche d'information». Gobierno de Canadá. www.canada.ca/fr/sante-canada/services/substances-chimiques/fiches-renseignements/en-bref/pollution-plastique.html

- «Pollution plastique. Équiterre». www.equiterre.org/actualite/avez-vous-mange-du-plastique-aujourdhui

- «Plastique». Greenpeace Canadá.
www.greenpeace.org/canada/fr/tag/plastique/

- Informe del Programa de Naciones Unidas para el Medioambiente sobre el estado de la contaminación por plástico en 2018.
https://wedocs.unep.org/bitstream/handle/20.500.11822/25513/state_plastics_WED_FR.pdf?sequence=4&isAllowed=y

Muchas gracias a Colin Jacob-Vaillancourt, profesional de la gestión de las materias residuales, por su atenta lectura y sus comentarios, muy pertinentes, de mi manuscrito. Gracias también al Consejo Regional del Medioambiente y del Desarrollo Duradero del Outaouais (CREDDO) por su contribución.

Andrée Poulin

Puedes consultar nuestro catálogo en www.picarona.net

CONTAMINACIÓN POR PLÁSTICO
Texto: *Andrée Poulin*
Ilustraciones: *Jean Morin*

1.ª edición: octubre de 2022

Título original: *Pollution Plastique*

Traducción: *Susana Cantero*
Maquetación: *El Taller del Llibre, S. L.*
Corrección: *Sara Moreno*

© 2021, Andrée Poulin, Jean Morin y Les Éditions de l'Isatis
(Reservados todos los derechos)

© 2022, Ediciones Obelisco, S. L.
www.edicionesobelisco.com
(Reservados los derechos para la lengua española)

Edita: Picarona, sello infantil de Ediciones Obelisco, S. L.
Collita, 23-25. Pol. Ind. Molí de la Bastida
08191 Rubí - Barcelona - España
Tel. 93 309 85 25
E-mail: picarona@picarona.net

ISBN: 978-84-9145-605-6
Depósito Legal: B-12.596-2022

Impreso en SAGRAFIC
Passatge Carsí, 6 - 08025 Barcelona

Printed in Spain